THE TIMELINE

RI

WALES
ARWEINWYR
CYMRU

BY THE TIMELINE DETECTIVES
PIP VAN RENSWOUDE DAVIES, ELIN LLOYD JENKINS,
GRUFFUDD OWEN AND HOLLIE WITHERS.

I HANESWYR Y DYFODOL

**AND CI, MADDIE, IZZY, ANITA,
GLENN AND DENNIS THE DOG!**

Logan!

Happy Reading!

Love
Timeline Detectives.

x

JUNIOR INVESTIGATOR

William Wolverine.

WELCOME TO THE
TIMELINE ACADEMY

FILL IN TO JOIN THE TEAM YMUNWCH Â'R TÎM.
NAME/ ENW: Logan ejgr

COUNTRY OF RESIDENCE/ GWLAD: Cymru

FAVOURITE FOOD/ HOFF FWYD: Afalau

YOUR HERO/ EICH ARWR: Black Pantha

BEST DISGUISE/ CUDDWISG GORAU: Black Pantha

FAVOURITE CASTLE/ HOFF GASTELL: Castell coch

A WELSH TOWN YOU WOULD LIKE TO SEE/ TREF YNG NGHYMRU NAD YDYCH WEDI YMWELD A HÎ:

Abertawe   Bear   Dref

Medi'r 18fed

Annwyl Timeline Detectives,

Rydw i yn archeolegydd, ac rydw i newydd ddarganfod beddrodau hynafol yma yng Nghymru. Rydw i'n credu bod y cerrig yma yn nodi man claddu Cymry pwysig iawn, efallai eu bod nhw yn dywysogion hyd yn oed!

A fyddech chi cystal â archwilio hanes Arweinwyr Cymru fel fy mod i'n medru dysgu pwy sydd wedi eu claddu o dan y cerrig hyfryd yma?

Diolch o galon,

Carys Cadi Caradog

AN ARCHAEOLOGIST CALLED CARYS CADI CARADOG HAD FOUND AN ANCIENT TOMBSTONE. SHE THOUGHT IT MIGHT BELONG TO AN OLD WELSH PRINCE!

COULD THE TIMELINE DETECTIVES MAKE A WELSH TIMELINE BOOK, TO HELP WITH HER WORK?

INVESTIGATING...

AFTER A WHIRLWIND INVESTIGATION
THE RULERS OF WALES WERE COMPLETE!

IT WAS TIME TO LOOK AT WHAT
THE TEAM HAD DISCOVERED...

...AND PUT THE KETTLE ON.

4th April

Carys Cadi Caradog,

Diolch am dy lythyr.

Newyddion da! Rydan ni wedi gorffen
dy linell amser o Arweinwyr Cymru. Mi
ddaru ni wir fwynhau yr her!

Rydan ni wedi ysgrifennu yn Gymraeg
ac yn Saesneg fel bod pawb yn y DU
yn medru dysgu am hanes gwyllt ac
anhygoel Cymru.

Thank you for your letter.

We've done it! Your timeline of the
Rulers of Wales is complete. We've
really enjoyed this challenge.

We've written in both Welsh and
English, so everyone in the UK could
read about the wild and wonderful
history of Wales.

The Timeline Detectives.

4ᵀᴴ C ← Date

RULER →

WELSH NAME

OTHER NAMES

HOW TO USE THIS BOOK

HAVE YOU NOTICED THAT THIS BOOK HAS TIMELINE DATES INSTEAD OF PAGE NUMBERS?

LOOK OUT FOR SHORT DATES LIKE 4ᵀᴴC. THE LETTER C STANDS FOR CENTURY.

NUMBERS ON THE LEFT SHOW WHEN A RULER BEGAN TO RULE, OR WHEN THEY BECAME IMPORTANT. ON THE RIGHT ARE DEATH DATES.

ALL OF THE TEXT IN RED IS WELSH.

YOU WILL SPOT THE WORD 'AP' BETWEEN NAMES IN THIS BOOK. IN THE WELSH LANGUAGE 'AP' MEANS 'SON OF'. FOR EXAMPLE PETER AP DAVID MEANS, PETER SON OF DAVID.

DYDDIAD

ARWEINYDD

ENW CYMRAEG

ENWAU ERAILL

SUT I DDEFNYDDIO'R LLYFR HWN

YDYCH CHI WEDI SYLWI MAI DYDDIADAU HANESYDDOL YDI RHIFAU'R TUDALENNAU?

EDRYCHWCH AM DDYDDIADAU BYR FEL 4THC. MAE'R LLYTHYREN C YN CYNRYCHIOLI'R GAIR 'CANRIF'.

MAE'R RHIFAU AR Y CHWITH YN DANGOS PA BRYD Y CYCHWYNODD TEYRNASIAD YR ARWEINYDD NEU'R DYDDIAD PAN Y GWNAETH O/ HI RHYWBETH PWYSIG. MAE'R RHIFAU AR Y DDE GAN AMLAF YN CYFEIRIO AT Y DYDDIAD MARW.

ABERFFRAW   ROMANO-BRITONS

GWYNEDD

POWYS

DEHEUBARTH
                   ROMANO-BRITONS

WALES GREW AFTER ROME ABANDONED
BRITAIN, THE ROMANO-BRITONS STAYED
AND BECAME PART OF WELSH HISTORY.

CELTIC LEADERS AND TRIBES POPPED UP ACROSS
WALES, SCOTLAND AND ENGLAND. LANDS WERE
DIVIDED INTO TERRITORIES.

IN THIS BOOK WE FOCUS ON
GWYNEDD AND DEHEUBARTH. CHECK THE
TIMELINE COLOUR ON EACH PAGE TO WORK
OUT WHAT AREA THAT RULER IS FROM.

ROMANO-BRITONS

GWYNEDD & ABERFFRAW

DEHEUBARTH

POWYS

TYFODD CYMRU AR ÔL I RUFAIN ADAEL PRYDAIN.
ARHOSODD RHAI O'R BRYTHONIAID - RHUFEINIG
A DAETHANT YN RHAN O HANES CYMRU.

TYFODD ARWEINWYR A LLWYTHAU CELTAIDD
AR HYD A LLED CYMRU, YR ALBAN A
LLOEGR. CAFODD TIROEDD EU RHANNU YN
DEYRNASOEDD.

YN Y LLYFR HWN RYDYM YN CANOLBWYNTIO
YN BENNAF AR ARWEINWYR GWYNEDD.
EDRYCHWCH AR Y LLIWIAU AR Y DUDALEN ER
MWYN GWELD I BA DEYRNAS MAE'R ARWEINWYR
YN PERTHYN.

Post Roman
Wales

Cymru ar ôl y Rhufeiniaid

Rhywle rhwng chwedlau a hanes Cymru
Eudaf Hen oedd yn teyrnasu.
Heriodd yr ymerodraeth Rufeinig
A phriododd ei ferch **Macsen Wledig**.

Old **Octavius** of ancient folklore
Went against Rome which started war.
Wed his daughter to **Magnus Max**
The couple took over so he could relax.

EUDAF HEN
OCTAVIUS THE OLD

Gadawodd **Macsen** ei wlad ei hun
I briodi **Elen**, yr haddaf un.
Daeth Cymru fach yn wlad unedig
O dan ei glogyn coch rhufeinig.

A legendary tyrant in the roman legion
His power grew as did his regions.
Max ruled the Brits, Africa's and Spain
The first big leader of Wales to reign.

Macsen Wledig

Flavius Magnus
Maximus Augustus

The dream of Magnus Maximus

In the Mabinogion there is a story about the dream of **Magnus Maximus**.

In the dream **Magnus** met **Elen** the beautiful daughter of **Octavius the Old**.

When he woke up **Magnus** searched high and low for his dream girl. One day he found her, and they married.

Elen shared her Welsh warriors with her Roman husband. **Magnus** built a road for the them to travel on, and named it Sarn Helen after her.

In Wales you can still walk along the remains of 'Sarn Helen'.

The old roman road is real, but is the story?

BREUDDWYD
MACSEN WLEDIG

YN Y MABINOGI BREUDDWYDIODD YR
YMERAWDWR **MACSEN** EI FOD WEDI TEITHIO
O RUFAIN I YNYS BELL AC WEDI CYFARFOD Â
MERCH HARDD O'R ENW **ELEN**.

PAN DDEFFRODD, GWYDDAI **MACSEN** FOD
RHAID IDDO DDOD O HYD IDDI. DANFONODD
NEGESEUWYR I CHWILIO AM **ELEN** A DAETHON
NHW O HYD IDDI HI YNG NGHYMRU.
TEITHIODD **MACSEN** YR HOLL FFORDD O
RUFAIN I GYMRU A PHRIODODD **ELEN**.

PAN AETH **MACSEN** I RYFEL RHODDODD
ELEN FENTHYG RHYFELWYR O GYMRU IDDO.
ADEILADODD **MACSEN** FFORDD I'R RHYFELWYR
GERDDED ARNI AC FE ENWODD HI YN SARN
HELEN AR ÔL EI WRAIG.

MAE OLION SARN HELEN I'W GWELD O HYD
YNG NGHYMRU. MAE'R HEN FFORDD RUFEINIG
YNO GO IAWN, OND A YDI'R CHWEDL YN WIR?

ROEDD **GWRTHEYRN** YN FRENIN SÂL AR Y NAW,
GWAHODDODD SACSONIAID FFYRNIG DRAW
I FRWYDRO EI FRWYDRAU, A'U TALU Â GRAWN...
ACHOSODD RHEINI BROBLEMAU GO IAWN!

A CHRISTIAN BOTHERED BY SCOTS AND PICTS
NEEDED SOME WARRIORS TO HELP OUT A BIT.
SAXONS **HENGEST** N' **HORSA** WERE PAID IN GRAIN
BUT TURNED ON **VORT** AND HIS SON WAS SLAIN.

Gwrtheyrn

Vortigern Superbus Tyrannus

ROEDD **GWERTHEFYR** YN FLIN IAWN GYDA'I DAD
AM WAHAODD Y SACSONIAID I MEWN I'R WLAD.
FE GADWODD EI FYWYD OND TALODD YN DDRUD
AC MAE PLANT Y SACSONIAID YMA O HYD.

VORTIMER WAS ANNOYED BY HIS FATHER'S WORK
SAXON RAIDERS SENT HIM BERSERK.
THEY KILLED HIS BROTHER, **VORT** HAD TO TRADE
HIS LIFE FOR HIS LAND AND THE SAXONS STAYED.

Gwerthefyr Fendigaid

Vortimer the Blessed

RHYFELWR ARUTHROL OEDD **EMRYS WLEDIG**,
I'R EINGL SACSONIAID ROEDD O'N DDYN REIT BERYG.
ROEDD YN DEG I'W BOBL OND YN FFYRNIG MEWN BRWYDR
A DAETH YN RHAN O CHWEDLAU Y **BRENIN ARTHUR**.

THIS MAN'S JUMBLED WITH **ARTHUR AND MERLIN**
EMRYS HAD ROMAN WHITE-FLAGS UNFURLING.
HENGIST WAS SLAYED FOR TERRIFIED BRITS
STONE CIRCLES STOOD PROUD BUT WERE THEY HIS?

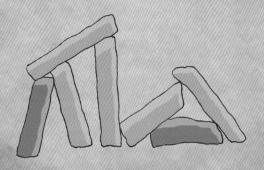

EMRYS WLEDIG
AMBROSIUS AURELIANUS

Tipyn o dderyn oedd **Cynan Wledig**
Yn ôl y son roedd o'n greadur reit ffyrnig,
Yn caru rhaib a rhyfeloedd chwerw
A 'cennau'r llew' oedd ei lysenw.

Naughty **Cynan** a grim sort of man
A nasty prince from the **Emrys** clan.
Called by a monk the Lions cub
He killed for treasure this royal scrub.

CYNAN WLEDIG
PRINCE AURELIUS CANINUS

Fe ddaeth **CUNEDDA** a'i naw o feibion
I hel y gwyddelod yn ôl i 'werddon,
Ac os cewch chi gyfle
I edrych ryw bryd
Mae eu henwau nhw yno
yng Nghymru o hyd.

Greatest of Princes head of the line
Came from Gododdin to Gwynedd just fine.
Grieved by invaders Wales asked for relief
He sent off the Irish and gave Wales peace.

Cunedda Wledig
the Good Lord

The Nine sons of Cunedda Wledig

Can you tell which Welsh lands were named after **Cuneddas** sons?

Rhufon

Osfael

Afloeg

Dunod

Meirion ap Tybion ap Cunedda

Ceredig

Einion Yrth

Edern

Dogfael

Naw mab Cunedda Wledig

Allwch chi ddyfalu pa ardaloedd gafodd
eu henwi ar ôl meibion **CUNEDDA**?

ROEDD **EINION, CEREDIG** A **MEIRION**
YN DDYNION REIT DDEWR 'NÔL Y SÔN.
FE CHWALON NHW FILWYR O 'WERDDON
A'U HEL NHW I GYD O SIR FÔN.

EINION, CEREDIG AND **MEIRION** WERE BOLD
MARCHED TO 'ISLE OF THE BRAVE' WE'RE TOLD.
ANGLESEY HAD TROUBLE WITH THE IRISH CLANS
TEAM E-C-M THREW THEM OFF WELSH SANDS.

Einion Yrth ap Cunedda

Einion the impetuous

Mab i **Einion**, brawd **Cadwallon**
Oedd **Owain** gyda'r dannedd gwyn
A seintiau enwog oedd ei feibion...
...ond wyddom ni fawr mwy 'na hyn!

Owain in books is like a ghost
Lord of the North holy sons he can boast.
Stories of **Arthur** feel in tune with him
His murder by nephew **Maelgwn** fits in.

OWAIN DDANTGWYN
WHITETOOTH

The Saintly sons of Owain Ddantgwyn

King Cynlas the Red of Rhos:

Called a tyrant by **Gildas**. He might be linked to the ancient hillfort in Llandrillo-yn-Rhos.

Saint Einion Frenin:

Is said to have left behind some miracles. One is called 'Ol Troed March Engan' or 'The Hoof print of **Einion's** Horse'.

The rainwater that collects in it is said to be magical.

Meibion
Owain Ddantgwyn

Seiriol Wyn:

Cyfaill **Cybi** Felyn. Roedd y ddau Sant yn byw ar y naill ochr a'r llall o Ynys Môn. Mae hen orsaf drenau yng nghanol yr ynys o'r enw Rhyd y Saint ble roedd y ddau ddyn yn arfer cyfarfod o dro i dro.

MEIRION SANT:

Gallwch ddathlu dydd Gŵyl **Meirion** ym mis Chwefror.

Enw da oedd gan **Cadwallon**
Y brenin gyda'r breichiau hir.
Er bod o'n edrych braidd yn wirion
Roedd o'n wych am ddal ei dir.

Cad had very long arms (Of the law)
Fighting him was an invader's worst chore.
He carried on working the family land
Brother **Owain** his heir, as was planned.

Cadwallon
Lawhir ap Einion
Long Arms

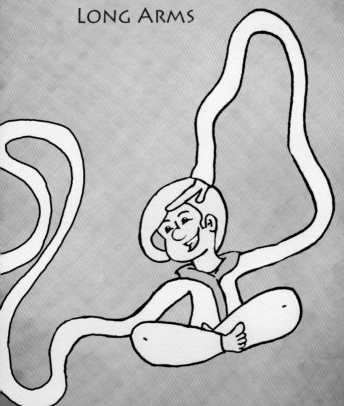

RISE OF GWYNEDD

TWF GWYNEDD

Roedd **Maelgwn** hir yn fynach
Ond doedd ganddo ddim amynedd,
Felly aeth am swydd ddifyrach
Sef bod yn frenin Gwynedd.

A young monk trained by ex-druid **Illtud**
His love of fights he wouldn't be rid.
He threw in the cloth to rule lands west
Bangor was built before he laid to rest.

Maelgwn Gwynedd Hir

Maglocunus the island dragon

Roedd **Rhun** yn fab i **Maelgwn**
A **Beli**'n fab i **Rhun**,
Iago ap beli ddaeth wedyn,
Tri brenin am bris un!

Rhun Hir a good guy, tall as a pole
Son **Beli**, the father of a holy soul.
Was grandson **Iago** killed by an axe?
Little is known of these father-son acts

Rhun Hir, Beli, & Iago

Roedd **Cadfan ap Iago**
yn frenin cyfoethog,
Rhoddodd arian i **Beuno**
I godi mynachlog.
Mae ei garreg fedd yn ôl y sôn
Yn Llangadwaladr ar ynys môn.

King Cadfan is next in this dynasty
He funded **Saint Beunos** monastery.
Cadwaladr's church, peek if you're brave
Watched by gargoyles his ancient grave.

CADFAN AP IAGO
KING CATAMANUS

CADFANS GRAVE

IF YOU EVER VISIT THE ISLE OF ANGLESEY IN NORTH WALES YOU MIGHT FIND THE GRAVE OF **CADFAN AP IAGO**. ITS THE OLDEST WELSH ROYAL GRAVESTONE IN GREAT BRITAIN.

STANDING IN THE CHURCH OF LLANGADWALADR, THE STONE READS:

'**KING CADFAN** THE WISEST AND MOST RENOWNED OF ALL KINGS.'

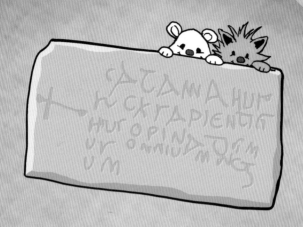

Bedd Cadfan

Os ewch i Ynys Môn efallai y dewch o
hyd i fedd **Cadfan ap Iago**. Dyma'r garreg
fedd frenhinol hynaf ym Mhrydain.

Dyma sydd wedi ei ysgrifennu ar ei garreg
fedd yn eglwys Llangadwaladr:

Cadfan Frenin y doethaf a'r enwocaf o
frenhinoedd.

Arwr a hanner oedd y **Brenin Cadwallon**
Canodd y beirdd am ei wych orchestion.
Daeth yr holl ffordd o Wynedd
I gipio Northumbria
Ond fe'i lladdwyd mewn brwydr
gan **Oswald o Bernicia.**

His enemy **Edwin** tried driving him out
So **Cad** joined **Penda,** who carried some clout
Poems were written by bards of **Cads** might
Os of Bernicia, killed him one night.

CADWALLON
AP CADFAN

Cadwallon
and the Name Cymru

CADWALLON WAS THE LAST WELSH RULER TO RULE BOTH WELSH AND ENGLISH LANDS.

TO THE WELSH HE WAS KNOWN AS A HERO, HE TOOK THE LAND KNOWN AS NORTHUMBRIA. TO THE NORTHERN ANGLO-SAXONS HE WAS KNOWN AS A TYRANT.

AROUND THIS TIME THE WORD CYMRU WAS USED TO DESCRIBE THE WELSH PEOPLE AND LANDS. THE OLDEST PLACE YOU CAN FIND THE WORD IS IN A POEM BY **CADWALLONS** BARD.

Cadwallon A'r enw Cymru

Cadwallon oedd yr Arweinydd Cymreig olaf i deyrnasu dros diroedd yng Nghymru a Lloegr.

Roedd yn arwr i'r Cymry. Fe gipiodd deyrnas Northumbria yng ngogledd Lloegr. Roedd yr Eingl Sacsoniaid yn ei alw'n deyrn.

Tua'r cyfnod yma y defnyddiwyd y gair 'Cymru' am y tro cyntaf. Cafodd y gair ei ddefnyddio mewn cerdd o fawl i **Cadwallon**.

AR ÔL **CADWALLON** DAETH **CADAFAEL CADOMEDD**
HEB WAED BRENHINOL YN FRENIN GWYNEDD
OND Y NOSON CYN EI FRWYDR BWYSICA'
CAFODD **CADAFAEL** DRAED OER A RHEDODD AM ADRA.

CADAFAEL TOOK GWYNEDD AS **CADWALLON** DIED
HE WAS UP FOR A BATTLE BUT THEN DECLINED.
IT'S SAID THAT BEFORE HIS LAST CRUCIAL FIGHT
HE TODDLED HOME FOR A COMFORTABLE NIGHT.

CADAFAEL CADOMEDD
AP CYNFEDW
THE BATTLE DECLINER

Welsh Triads

Look out for people from the Welsh Triads in this book. A triad can be anything that comes in three. A book of the original ones was written in medieval times. When **Iolo Morganwg** translated them he made a few up, and more were added in the 1800's.

These were three golden-banded princes;
- **Rhiwallon** with the Broom Hair
- **Rhun, the son of Maelgwn**
- **Cadwaladr** the Blessed.

They wore golden bands on their arms, their necks and their knees.

Trioedd Ynys Prydain

Cadwch olwg am drioedd yn y llyfr hwn. Cafodd y trioedd eu hysgrifennu yn yr oesoedd canol. Ychwanegodd **Iolo Morganwg** ragor o drioedd yn y 1800au.

Dyma'r tri thywysog oedd yn gwisgo cylchoedd aur.

- **Rhiwallon** wallt Banadlen
- **Rhun ap Maelgwn**
- **Cadwaladr** Fendigaid

Roeddent yn gwisgo cylchoedd aur am eu breichiau, eu gyddfau a'u pen-gliniau.

Pan welwch y ddraig ar faner y Cymru
Cadwaladr piau'r diolch am hynny...
...neu ella ddim. Gall y ddraig fod lot hŷn.
Ta waeth, daeth y pla ac mi farwodd y dyn.

The wonderful Welsh flag said to be his
Though some scholars argue if older it is.
His reign saw plague not once but twice
Cad was bitten by disease ridden lice.

Cadwaladr
Fendigaid
The Blessed

MAB I **GADWALADR** A THAD I **RHODRI**
OEDD IDWAL IWRCH. (AM ENW DIGRI!)
EFALLAI Y GWNAETH O BRIODI LLYDAWES...
...OND WYDDOM NI FAWR MWY AM EI HANES.

A WHISPER PENNED IN 1300 A.D.
CLAIMED **IDWAL IWRCH** NEXT LEADER TO BE.
FROM A LINE OF HIGH KINGS THIS MAN SO ROYAL
DID HE WED A BRIDE FROM BRETON SOIL?

Idwal Iwrch ap Cadwaladr

Idwal Roebuck

GWYDDOM FOD **RHODRI** YN FRITH A MOEL
OND NI ADAWODD LAWER O HOEL
AR HANES CYMRU, DIM OND EI ENW.
TASWN I'N FO, MI FASWN I'N CHWERW!

LISTED AS KING IN THE ANNALS OF WALES
HIS NAME DOESN'T CONJURE MANY TALES.
BOTH BALD AND GREY THIS POOR OLD GENT
WAS A WAR IN CORNWALL HIS ONLY EVENT?

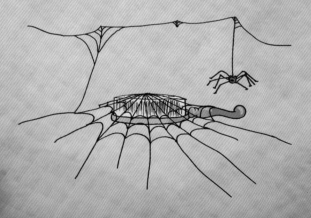

RHODRI MOLWYNOG AP IDWAL

RHODRI THE BALD AND GRAY

Yr olaf o ddisgynyddion **Cunedda**.
Aeth pethau'n flêr wrth i frodyr ryfela.
Esyllt oedd chwaer y brodyr ffôl
A bu'n rhaid iddi hi lanhau ar eu hôl.

Hywel was the last king of Anglesey
From **Cunedda's** line and Dynasty.
A petty family land-war occurred
And a girl would find the kingdoms hers!

Cynan Dindaethwy & Hywel ap Rhodri

The End of Cunedda's Bloodline

END OF CUNEDDAS LINE

THE MALE LINE OF **CUNEDDA** HAD COME TO AN END WITH **CYNAN** AND **HYWEL AP RHODRI**.

PRINCE HYWEL AP CARADOG WAS KILLED CAUSING GWYNEDD AND ANGLESEY TO UNITE UNDER **ESYLLT**. SHE WAS EITHER **CYNANS** DAUGHTER OR HIS SISTER.

ESYLLT MARRIED **KING GWRIAD** OF THE ISLE OF MAN. THEIR SON WAS **MERFYN THE FRECKLED**.

Diwedd llinach Cunedda

Daeth llinach **Cunedda** i ben gyda **Cynan** a **Hywel ap Rhodri**.

Lladdwyd y **Tywysog Hywel ap Caradog** gan arwain at Gwynedd a Môn yn uno o dan **Esyllt**, merch **Cynan**.

Priododd **Esyllt** y **Brenin Gwriad** o Ynys Manaw. Enw eu mab oedd **Merfyn Frych**.

Rise of Aberffraw

Twf
Aberffraw

Daeth **Esyllt** a **Gwriad** â mymryn o drefn
i godi Gwynedd ar ei thraed drachefn.
Roedd **Merfyn** eu mab yn frith o frychni
a daeth yn dad i'r **Brenin Rhodri**.

This daughter, was Gwynedds Princess
Miss **Esyllt** did her royal business.
Her only son **Merv** wed a Powys girl
Watch as this power-family unfurls.

Esyllt and
Merfyn Frych

Merfyns Unlucky Reign

Merfyn had a rocky reign even though he married **Nest** from the powerful Powys family.
All these things went wrong;

1. His people still had to fight for their land, attacked by Saxons from Mercia.

2. A plague killed cows all over the country.

3. Lightning struck the old wooden court at Deganwy, once ruled by **Maelgwn Hir**. The court burned to the ground.

Teyrnasiad Anlwcus Merfyn.

Cafodd **Merfyn** deyrnasiad go galed, er iddo briodi **Nest** o deulu pwerus Powys Aeth popeth o chwith iddo;

1. Ymosododd Sacsoniaid o Mercia ar ei bobl.

2. Lladdodd pla nifer o wartheg drwy'r wlad.

3. Llosgodd hen lys pren **Maelgwn Hir** i'r llawr ar ôl cael ei daro gan fellten.

End of the Powys Line
and How Princess Nest took it all!

The house of Powys had been one of the most powerful dynasties in the whole of Britain. These people are said to have descended from **Vortigern**.

Nest was a Princess of Powys and married **Merfyn the Freckled**, they had a son called **Rhodri** who tied the families.

Nest's brother **Cyngen** ruled Powys after their Father. **Cyngen** died leaving no heir so **Nest** and her family were given the Kingdom of Powys.

Diwedd llinach Powys

a sut cymerodd y Dywysoges Nest y Cyfan!

Roedd llinach Powys yn un o'r teuluoedd mwyaf grymus drwy ynysoedd prydain. Roedd y teulu yma yn dweud eu bod yn ddisgynyddion i **Gwrtheyrn**.

Roedd **Nest** yn Dywysoges o Bowys ac fe briododd **Merfyn Frech** o Wynedd. Cawsant fab o'r enw **Rhodri** a unodd y ddau deulu grymus.

Cyngen, brawd **Nest** etifeddodd teyrnas Powys pan bu farw ei dad. Ond bu farw **Cyngen** heb blant, a dyna sut cafodd **Nest** a'i mab **Rhodri** eu gafael ar Bowys.

ROEDD **RHODRI** YN GLAMP O FRENIN
LLWYDDIANNUS,
FE UNODD DEYRNAS GWYNEDD A PHOWYS,
FE DRECHOD LYCHLYNWYR,
CAFODD CHWECH O FEIBION,
OND AETH Y RHEINI I FFRAEO,
Y TACLAU GWIRION!

FOR VIKINGS **RHODRI** WAS A PAIN
KILLING **HORM** GAVE **RHODRI** FAME.
GRANTED KINGDOMS LEFT AND RIGHT
FOR WHICH ONE DAY SIX SONS WOULD FIGHT.

RHODRI MAWR
RHODRI THE GREAT

Three Diademed Princes of the Isle of Britain

Rhodri the Great died in battle and left behind great lands for his sons.

His oldest three sons were named in a later Welsh triad and called the three Diademed Princes. A Diadem is a jewelled crown or headband.

Anarawd took the estate at Aberffraw and ruled the land of Gwynedd.

Cadell is sometimes said to have ruled Ceredigion and Seisyllwg.

Merfyn is said to have been the King of Powys, but lost it to his older brother **Cadell** in war.

Tri Thywysog Eurdorchog Ynys Prydain

Lladdwyd **Rhodri Fawr** mewn brwydr a rhannwyd ei diroedd rhwng ei feibion.

Câi ei dri mab hynaf eu hadnabod fel Tri Thywysog Eurdorchog Ynys Prydain. Coron fechan gyda gemau ynddi ydi ystyr eurdorch.

Cafodd **Anarawd** y llys yn Aberffraw a daeth yn dywysog Gwynedd.

Efallai bod **Cadell** wedi rheoli Ceredigion a Seisyllwg.

Efallai bod **Merfyn** wedi rheoli Powys, ond bod o wedi colli ei deyrnas mewn rhyfel yn erbyn ei frawd, **Cadell**.

ANARAWD OEDD YR HYNAF O'R BRODYR,
YNG NGHONWY FE DRECHODD
WŶR MERCIA MEWN BRWYDR,
CYNGHREIRIODD AG **ALFRED**, BRENIN Y SAESON
AM BOD YNTAU YN ELYN I'W ELYNION.

ELDEST SON OF **RHODRI THE GREAT**
THE BATTLE AT CONWAY RAISED HIS HEART RATE.
IN A PACT WITH **ALFRED OF WESSEX** HE FOUND
HE AND OTHER KINGS SHARE COMMON GROUND.

Anarawd
ap Rhodri

Peace Deals with the Vikings and Saxons.

The Vikings found it easy to attack Wales. Viking longboats gave them access around the Welsh coast.

By the 800's Vikings ruled land in Northumbria, the Saxons were down south.

The Welsh and Vikings decided to become allies. **Anarawd ap Rhodri** joined the Northumbrian Vikings and helped them conquer the north of England.

The friendship didn't last and **Anarawd** made friends with Saxon **Alfred**, King of Wessex. **Anarawd** even visited the court in England.

Cytundebau heddwch gyda'r Llychlynwyr a'r Sacsoniaid.

Roedd hi'n hawdd iawn i'r Llychlynwyr ymosod ar Gymru. Roedd eu cychod yn gallu cyrraedd pobman o amgylch yr arfordir.

Erbyn yr 800au roedd y Llychlynwyr yn rheoli tiroedd yn Northumbria yng Ngogledd Lloegr tra roedd y Sacsoniaid yn rheloi De Lloegr.

Penderfynodd y Cymry a'r Llychlynwyr gynghreirio. Ymunodd **Anarawd ap Rhodri** gyda Llychlynwyr Northumbria i drechu Gogledd Lloegr.

Ond ni wnaeth y cyfeillgarwch yma bara yn hir, ac yn fuan daeth **Anarawd** yn ffrindiau gydag **Alfred**, brenin Wessex.

Cafodd **Idwal** lond bol ar fod yn wasaidd
ac o fod dan y fawd i arweinwyr Sacsonaidd.
Ond wrth wrthryfela fe gollodd ei fywyd
a cholli eu teyrnas wnaeth ei feibion hefyd.

A fact that **Idwal** didn't like much
He was in the Saxon rulers clutch.
He broke the deal and sadly died
Sons expelled but his bloodline survived

IDWAL FOEL
THE BALD

Roedd **Hywel dda** yn frenin o fri,
Fe luniodd gyfreithiau cadarn di-ri.
Y Cymro cyntaf i greu ei arian ei hun,
Rhwng bob dim roedd o'n dipyn o ddyn.

Cousin **Hywel** made laws by the score
He fought for equality and even more,
He struck his own coins, first in the land
Wales prospered with his guiding hand.

Hwyel Dda
THE GOOD

Prince of all Wales

Hywel Dda shared Seisyllwg with his brother **Clydog**. When his brother died, **Hywel** took all the land for himself.

When **Hywel** married **Elen** they ruled Dyfed as well.

At the time **Idwal Foel** ruled Gwynedd and maybe Powys. **Idwal** was killed while fighting the English and **Hywel** took **Idwals** lands.

This is how **Hywel** became known as 'Prince of all Wales.'

He kept peace with the English Kings, made a lot of Laws, and was the only Welsh Prince to mint his own silver coins.

Tywysog Cymru gyfan

Rhannodd **Hywel Dda** deyrnas Seisyllwg gyda'i frawd, **Clydog**. Pan bu farw ei frawd, llywodraethodd **Hywel** y deyrnas ar ei ben ei hun.

Priododd Elen, a rhoddodd hi deyrnas Dyfed (Sir Benfro bellach) iddo yn anrheg priodas.

Yn ystod y cyfnod yma roedd **Idwal Foel** yn dywysog ar Wynedd, (A Powys hefyd efallai). Cafodd **Idwal** ei ladd tra'n brwydro yn erbyn y Saeson. Cymerodd **Hywel** diroedd **Idwal** oddi ar ei feibion.

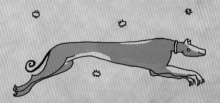

Cadwodd **Hywel** heddwch gyda Brenhinoedd Lloegr, lluniodd gyfreithiau Cymreig, a fo oedd yr unig dywysog o Gymru i gynhyrchu ei ddarnau arian ei hun.

ROEDD **IAGO AP IEUAF** YN FRODYR CWERYLGAR,
FE DAFLODD **IAGO** EI FRAWD YN Y CARCHAR.
AM FRODYR DRWG! OND YN Y DIWEDD
DAETH **HYWEL AP IEUAF** YN FRENIN GWYNEDD.

IAGO AND **IEUAF** MADE A MESS,
YOUNG **HYWEL AP IEUAF** WAS IN DISTRESS.
IAGO KILLED **IEUAF**, **HYWEL** TOOK REVENGE
THE RULER WAS **HYWEL** IN THE END.

Iago, Ieuaf and Hywel ap Ieuaf

Cyn cyrraedd yr orsedd bu farw **CADWALLON**.
Daeth **MAREDUDD** ei gefnder
i hawlio ei goron,
yna aeth y tiroedd yn ôl a mlaen
rhwng **CYNAN, CADELL, EDWIN**
ac **AEDDAN**. Am straen!

CADWALLON died just before he reigned
Third cousin **MAREDUDD** next in chain.
Lands bounced between distant kin
CYNAN, CADELL, EDWIN and **AEDDAN** got in.

CADWALLON
MAREDUDD
CYNAN
CADELL
EDWIN
AEDDAN

Trechodd **Llywelyn Aeddan** a'i feibion,
unodd Deheubarth a Gwynedd
o dan ei goron.
Roedd **Gruffudd** ei fab yn frenin di-guro
nes i'w filwyr ei hun benderfynu'i lofruddio.

On his Mothers side his blood was famed
Llyw fought **Aeddan** 'til south was claimed
Bad son **Gruffudd** stole a Kings wife
an act he paid for with his life!

Llywelyn ap Seisyll & Gruffudd ap Llywelyn

GRUFFUDDS FRIENDS AND ENEMIES

LLYWELYN AP SEISYLL HAD GAINED TONS OF LAND DURING HIS LIFE. HIS SON **GRUFFUDD** DID THE SAME BY FIGHTING WITH EVERYONE.

GRUFFUDD ATTACKED **HYWEL** OF DEHEUBARTH. BY 1042 **HYWEL** WAS GONE AND TWO BROTHERS HAD TAKEN DEHEUBARTH FOR THEMSELVES.

GRUFFUDD CHANGED HIS PLANS AND ATTACKED THE SAXONS AND NORMANS OF HEREFORD. HE WENT BACK TO DEHEUBARTH TO FINISH OFF THOSE BROTHERS.

GRUFFUDD WAS FRIENDS WITH **AELFGAR** OF MERCIA AND MARRIED HIS DAUGHTER. THEY ATTACKED EARLS AND LANDS TOGETHER UNTIL A PEACE PACT WAS MADE WITH **KING EDWARD THE CONFESSOR**, OF ENGLAND.

WHEN **AELFGAR** DIED **GRUFFUDD** WAS CHASED AWAY BY THE ENGLISH AND EVENTUALLY KILLED BY HIS OWN MEN.

Cyfeillion a gelynion Gruffudd

Enillodd **Llywelyn ap Seisyllt** lwyth o dir yn ystod ei oes. Gwnaeth **Gruffudd** ei fab yr un fath drwy frwydro gyda phawb a phopeth.

Ymosododd **Gruffudd** ar diroedd **Hywel** o Ddeheubarth. Erbyn 1042 roedd **Hywel** wedi mynd, ac roedd dau frawd yn ffraeo dros y deyrnas.

Yna, ymosododd **Gruffudd** ar y Sacsoniaid a'r Normaniaid yn Henffordd cyn dychwelyd i roi cweir i'r ddau frawd o'r Deheubarth wedyn.

Roedd **Gruffudd** yn ffrindiau gydag **Aelfgar** o Mercia, ac fe briododd ei ferch. Ymosododd y ddau ar Ieirll a thiroedd gyda'i gilydd nes iddyn nhw gytuno ar heddwch gydag **Edward y Cyffeswr**.

Pan bu farw **Aelfgar** cafodd **Gruffudd** ei erlid gan y Saeson a cafodd ei ladd yn y pen draw gan ei filwyr ei hun.

Goresgyniad y Normaniaid

Arglwyddi'r Mers

Roedd Arglwyddi'r Mers yn ffrindiau gyda Brenhinoedd Ffrengig newydd Lloegr. Cawsant y tir rhwng Cymru a Lloegr fel rhodd gan y Brenin.

Roedd Brenin Lloegr eisiau rheoli Cymru, ond nid oedd ganddo'r modd i ymosod arni. Gallent wneud fel y mynnent!

Roedd y Brenin yn annog Arglwyddi'r Mers i hawlio tiroedd yn Nghymru ar ei ran.

Marcher lords

Marcher Lords were friends of England's new French Kings. They were given the land between England and Wales.

The King of England wanted to rule Wales but wasn't allowed to invade. Marcher Lords could do anything they liked! The King encouraged them to take lands in Wales.

Dau frawd yn rheoli Gwynedd a Phowys
ond lladwyd **RHIWALLON** yn anffodus.
Daeth **BLEDDYN** yn dywysog ar y ddwy wlad
Ond cafodd ei ladd ar faes y gad.

Brothers claimed link to royal soil
Backed up King Ed and Englands toil.
'We want our lands' **GRUFFS** sons wailed
Death for **RHI** and those sons entailed.

Bleddyn and Rhiwallon

WAR AND FAMILY

BLEDDYN AND **RHIWALLON** WERE THE HALF-BROTHERS OF **GRUFFUDD AP LLYWELYN**. WHEN **GRUFF** DIED THEY INHERITED HIS LANDS. THIS TIED THEM TO **KING EDWARD THE CONFESSOR**.

GRUFF HAD TWO SONS WHO TRIED TO TOPPLE THEIR UNCLES **BLEDDYN** AND **RHIWALLON**. IT WAS A FAMILY WAR THAT ONLY **BLEDDYN** SURVIVED. **BLEDDYN** WAS SAID TO BE A GOOD RULER, KIND AND STRONG.

IN 1075 **RHYS AB OWAIN** JOINED THE NOBLES OF YSTRAD TYWI AND A PLOT TO KILL **BLEDDYN** WAS A SUCCESS.

BLEDDYNS COUSIN **TRAHAEARN** AVENGED THE MURDER BY DESTROYING **RHYS AP OWAIN**.

Rhyfel a Theulu

Roedd **Bleddyn a Rhiwallon** yn hanner brodyr i **Gruffudd ap Llywelyn**. Pan fu **Gruffudd** farw, nhw etifeddodd ei diroedd ond roedd rhaid iddynt dalu gwrogaeth i **Edward y Cyffeswr**, brenin Lloegr.

Ceisiodd meibion **Gruffudd** oresgyn eu hanner Ewythrod. Bu rhyfel gwaedlyd o fewn y teulu nes mai dim ond **Bleddyn** oedd ar ôl yn fyw. Roedd **Bleddyn** yn arweinydd da, caredig a chryf.

Yn 1075, cynllwyniodd **Rhys ab Owain** gydag Uchelwyr Ystrad Tywi i ladd **Bleddyn**, a dyna ddigwyddod.

Ar ôl **Bleddyn** daeth ei genfder Trahaearn,
Ac aeth i ryfel â **Gruffudd ap Cynan**
A **Rhys ap Tewdwr**, ond cafodd ei lorio
Ar fynydd Carn sydd yn Sir Benfro.

This proud prince was filled with fury
Avenged **Bledd's** death without a jury.
Fought powerful men if they were weak
Friends turned on him at his peak.

Trahaearn ap Caradog

Collodd y Deheubarth i'r **Brenin Caradog**
Ond enillodd hi nôl,
(doedd **Rhys** ddim yn ddiog).
Talodd wrogaeth i Gwylym Goncwerwr
Ond yna fe gafodd ei ladd gan Ffrancwr.

Caradogs mission had **Rhys** exiled
Last ancient king of Deheubarth riled.
He returned with friends and he began
To take part in the French power plan.

RHYS AP TEWDWR

Piles of Petty Princes

It was tricky to be a land owning Prince in these times. You could be attacked by the Normans, the Irish, and worst of all your own family!

Brothers **Cadwgan, Madog** and **Rhiryd** wanted to rule Deheubarth and attacked **Rhys ap Tewdwr**.

Cadwgans other brother **Iorwerth** was eventually killed by their own nephew.

Cadwgans son **Owain** kidnapped **Rhys ap Tewdwrs** daughter, the Beautiful **Princess Nest**.

Owain was eventually taken to Normandy by **King Henry I** and Knighted.

Llwyth o Dywysogion Bychain

Roedd hi'n waith caled bod yn Dywysog gyda thir yn y cyfnod yma. Roedd peryg i chi gael cweir gan y Normaniaid, y Gwyddelod neu'n waeth byth, eich teulu eich hun!

Roedd y brodyr **Cadwgan, Madog** a **Rhiryd** i gyd eisiau rholi'r Deheubarth ac fe ymosodon nhw ar **Rhys ap Tewdwr.**

Herwgipiodd **Owain (mab Cadwgan)** y **dywysoges Nest,** sef merch hardd **Rhys ap Tewdwr.**

Cafodd **Iorweth,** brawd **Cadwgan** ei ladd gan ei nai a daeth **Cadwgan** i ddiwedd gwaedlyd hefyd.

Cafodd **Owain** ei gymryd i Normandi gan **frenin Harri I** o Loegr a cafodd ei urddo'n farchog ganddo.

A'I FAM YN LYCHLYNES, A'I DAD YN GYMRO
ROEDD **GRUFFUDD AP CYNAN**
YN BAROD I FENTRO.
HWYLIODD O 'WERDDON I HAWLIO EI GORON.
O HOLL ARWYR CYMRU
MAE O'N UN O'R GOREUON!

A VIKING MUM AND A WELSH ROYAL DAD
ALL IN HIDING WHILE WALES WENT MAD.
HE SAILED FROM IRELAND TO JOIN THE WARS
LEARNED ON THE JOB 'TIL HIS KINGDOM RESTORED.

GRUFFUDD AP CYNAN

Roedd **Angharad** yn wraig i **Gruffudd ap Cynan.** Cafodd ei disgrifio gan gofiannydd i **Gruffudd** fel gwraig hardd gyda gwallt melyn, ac fel dynes hael a thyner. Roedd hi'n garedig i'w holl ddinasyddion.

Roedd gan **Angharad** bump o ferched. **Gwenllian, Marared, Rainillt, Susanna** ac **Annest.**

Aeth **Gwenllian** yn ei blaen i fod yn arwres genedlaethol.

Angharad was the wife of **Gruffudd ap Cynan. Gruffudd** had a biographer who described her as a beautiful blonde, a gentle and generous lady. She was good to her people rich and poor.

Angharad had five daughters. **Gwenllian, Marared, Rainillt, Susanna,** and **Annest.**

Gwenllian would become a national hero.

Pum Tywysoges o Wynedd
Five Princesses of Gwynedd

Arwres go iawn oedd y **Dywysoges Gwenllian**
(gwraig **Rhys ap Gruffydd**,
merch **Gruffudd ap Cynan**).
Y Normaniaid a'i lladdodd ar faes y gad,
ond ei dewrder a'i haberth
a daniodd ein gwlad.

Gwen bravely came to Welsh assistance
With her sword to show resistance.
Attacked while her husband was away
Led men to battle on her last day.

GWENLLIAN

The Great Revolt

After 1136 the Welsh people fought for their homelands. They wanted them back from the Norman rulers in England.

There were lands that **Gwenllians** Husband and **Gruffudd ap Cynan** wanted, so the men met and made a plan.

This is when the Normans attacked **Gwenllian** at home. She had 500 men. It wasnt enough against all the Norman soldiers.

She was defeated and beheaded on the battlefield near Kidwelly.

The Welsh were so upset when they heard about this, it started war against the Marcher Lords.

Y Chwyldro Mawr

Ar ôl 1136, fe ddechreuodd y Cymry hawlio peth o'u tiroedd yn ôl oddi ar y Normaniaid.

Aeth gŵr **Gwenllian** i gyfarfod â **Gruffudd ap Cynan**. Roeddent yn benderfynol o gael eu tiroedd yn ôl oddi ar y Normaniaid.

Dyna pryd ymosododd y Normaniaid ar **Gwenllian**. Doedd ganddi hi ond 500 o ddynion ac roedd rhaid iddi hi rannu rheiny er mwyn ymladd y Normaniaid.

Cafodd ei threchu a'i dienyddio ar faes y gad ger Cydweli.

Roedd y Cymry mor flin am hyn, penderfynon nhw fynd i ryfel yn erbyn Arglwyddi'r Mers.

UNSTABLE WALES

Cymru Gythryblus

Roedd **Owain Gwynedd**
yn frenin llwyddiannus.
Cadwodd ei deyrnas
drwy gyfnod cythryblus.
Ceisiodd Brenin Lloegr ddwyn ei diroedd,
ond trechwyd y Saeson gan y Mynyddoedd.

Owain defended the Welsh from harm
Keeping **King Henry** from field and farm.
Henry lost in mountains cold and cruel
Trapped in a storm without food or fuel.

Owain ap Gruffudd ap Cynan
Owain Gwynedd

Tri brawd o'r Deheubarth oedd **Anarawd,**
Cadell a Maredudd. Tipyn o driawd!
Tyfodd y Deheubarth
drwy eu gwaed a'u chwys
ac roeddynt yn frodyr mawr
i'r **Arglwydd Rhys**.

Anarawd slew 'little King' a local pest
These brothers were joined in their quest.
With **prince Owain**, Vikings and **Cadwaladr**
They stormed Cardigan castle with a cheer.

ANARAWD, CADELL
AND MAREDUDD

A Brilliant Little Brother

RHYS AP GRUFFYDD WAS THE YOUNGEST BROTHER OF **MAREDUDD, CADELL** AND **ANARAWD.**

WHEN IT WAS HIS TURN TO RULE, **RHYS** RELUCTANTLY JOINED **HENRY II. RHYS** HAD TO STOP BEING CALLED A KING AND BECAME KNOWN AS THE **LORD RHYS** INSTEAD. HE LOST SOME LAND, BUT GAINED LOTS OF IT BACK LATER! WHEN THEY WERE OLDER **LORD RHYS** AND **KING HENRY** BECAME QUITE GOOD PALS.

RHYS TOOK ON NORMAN FASHIONS AND WAS THE FIRST WELSHMAN TO BUILD STONE CASTLES. CARDIGAN CASTLE, DINEFWR CASTLE AND STRATA FLORIDA ARE ALL HIS.

HE CALLED THE FIRST EISTEDDFOD IN 1176. MUSIC AND POETRY HAD BEEN IMPORTANT TO WALES FOR CENTURIES. THIS CELEBRATION STILL HAPPENS EVERY YEAR IN WALES.

Brawd Bach o Fri

Rhys ap Gruffydd oedd brawd ifancaf **Maredudd, Cadell ac Anarawd.**

Pan ddaeth hi'n dro **Rhys** i reoli, fe ymunodd yn anfodlon gyda **Harri II** o Loegr. Collodd **Rhys** yr hawl i gael ei alw'n Frenin ond cafodd ei adnabod fel yr **Arglwydd Rhys.** Fe gollodd **Rhys** diroedd cyn eu hennill yn ôl wedyn. Pan oeddynt yn hŷn daeth yr **Arglwydd Rhys** a Brenin Lloegr yn ffrindiau eitha' da.

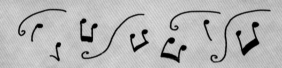

Dilynodd **Rhys** ffasiynau Normanaidd. Rhys oedd y Cymro cyntaf i adeiladu cestyll cerrig yng Nghymru. Ef oedd yn gyfrifol am adeiladu castell Aberteifi, castell Dinefwr ac Abaty Ystrad Fflur.

Trefnodd yr **Arglwydd Rhys** yr Eisteddfod gyntaf yn 1176. Mae barddoniaeth a cherddoriaeth wedi bod yn bwysig i'r Cymry ers canrifoedd. Caiff Eisteiddfodau bach a mawr eu cynnal yng Nghymru bob blwyddyn.

Mab fenga' **Gwenllian**
oedd yr **Arglwydd Rhys**
ac yn Aberteifi adeiladodd ei lys
o gerrig cadarn, nid un o goed
a cynhaliodd y 'steddfod gynta' erioed.

Gwen's youngest son, a powerful lord
Enjoyed the fashions the Normans wore
With arts he filled Wales to the brim
The Eisteddfod of course started by him.

Yr Arglwydd Rhys
The Lord Rhys

Descendants of The Lord Rhys

The **Lord Rhys** had eight sons.

His eldest son **Gruffydd** was recognised as the next ruler of the kingdoms of Wales, but his jealous brother **Maelgwn** and the **Gwenwynwyns** of Powys had other ideas.

Gruffydds sons would have to fight their uncles **Maelgwn** and **Rhys Gryg**, who had teamed up with **King John** of England.

His younger daughter **Gwenllian**, would marry and have children. Her descendants would eventually become the Tudor Dynasty of England and Wales.

Disgynyddion yr Arglwydd Rhys

Roedd gan yr **Arglwydd Rhys** wyth o feibion.

Cafodd **Gruffydd** ei fab hynaf ei bennu yn Arweinydd nesaf teyrnasoedd Cymru, fe wnaeth hyn ei frawd **Maelgwn** a theulu **Gwenwynwyn** o Bowys yn genfigennus iawn.

Roedd rhaid i feibion **Gruffydd** frwydro yn erbyn **Brenin John o Loegr** ac yn erbyn eu hewythr **Maelgwn** a'u hewythr **Rhys Gryg**.

Roedd teulu'r Tuduriad, a ddaeth yn frenhinoedd Lloegr yn y bymthegfed ganrif yn ddisgynyddion i **Gwenllian**, merch ifancaf yr **Arglwydd Rhys**.

Arweinydd difyr oedd **Owain Cyfeiliog**
O waelodion Powys, y bardd-dywysog.
Fe frwydrodd yn erbyn y Cymry a'r Saeson
A chanodd glodydd ei gyfeillion.

This under-lord prince wrote in rhyme
Of his friends and warriors at the time.
The welsh lords treated him like prey
He married their daughters anyway.

Owain Cyfeiliog
The Poet Prince

DRINKING HORN OF OWAIN

OWAIN WAS A POET AND A PRINCE. HE IS SAID TO HAVE WRITTEN 'THE HIRLAS HORN' ABOUT HIS WARRIOR FRIENDS WHILE THEY CELEBRATED VICTORIES.

THE MEN IN THE POEM PASS THE DRINKING HORN TO EACH OTHER WHILE BEING PRAISED.

A MAN CALLED **GRUFFUDD** IS CALLED THE DRAGON-SON WHO FOUGHT WITH A LANCE AND WAS FULL OF GLORY.

THE SON OF **GORONWY** IS PASSED THE HORN AND CALLED THE PROTECTOR, THIS MAN WAS LOVED BY HIS PEOPLE.

Corn Yfed Owain

Roedd **Owain** yn fardd ac yn dywysog.
Mae'n debyg iddo gyfansoddi cerdd
o'r enw 'Hirlas Owain' am ei ryfelwyr
o ffrindiau wrth iddynt ddathlu eu
buddugoliaethau.

Byddai'r gwŷr yn y gerdd yn
trosglwyddo'r corn o'r naill i'r llall
wrth iddynt gael eu canmol.

Cafodd gŵr o'r enw **Gruffudd** ei alw yn
'fab i ddraig' a oedd yn brwydro gyda
phicell ac a oedd yn llawn gorfoledd.

Cafodd y corn ei drosglwyddo i fab
Goronwy, ac fe'i gelwir yn 'amddiffynwr'
sy'n cael ei garu gan ei bobl.

ROEDD **IORWERTH** YN FAB I **OWAIN GWYNEDD**
OND ROEDD EI DRWYN O BRAIDD YN RHYFEDD.
AETH I RYFEL YN ERBYN EI FRODYR
AC FE'I LLADDWYD YM MHENNANT MELANGELL
MEWN BRWYDR.

IORWERTH WASN'T WANTED FOR THE THRONE
PEOPLE CALLED HIM NAMES HE DIDN'T OUTGROW.
SOME SAY HE WAS INJURED BY ENGLISH MEN
AFTER FAMILY FIGHTS HE'S NOT HEARD OF AGAIN.

Iorwerth Drwyndwn ab Owain Gwynedd
Edward Broken-nose

ROEDD GAN **OWAIN** GWYNEDD ORMOD O FEIBION
OND **DAFYDD** A LWYDDODD I ENNILL Y GORON
DRWY LADD EI FRAWD **HYWEL**,
GYDA HELP EI FRAWD **RHODRI**,
OND YNA DAETH **LLYWELYN** EI NAI I'W DDISODLI.

DAF AND **RHODRI** KILLED BROTHER **HYWEL**
AND FORCED **MAELGWN** TO GIVE IN THE TOWEL.
DAF THE TRAITOR WAS AN ENGLISH CHUM
'TIL HIS NEPHEWS BEAT THEIR BATTLE DRUMS.

Hywel, Dafydd, Rhodri,

& Maelgwn ab Owain Gwynedd

Cyhuddwyd **Cynan ab Owain** o frad
Cafodd ei hel i'r carchar gan neb llai na'i Dad!
Ond er ei holl gynllwynio diddiwedd
Ni chafodd fod yn frenin ar Wynedd.

Cynan joined **Hywel** before his end
Sacked Cardigan Castle as was the trend.
They chased **Cadwaladr** from his place
Cynan jailed by Dad, what a disgrace.

Cynan ab Owain Gwynedd

TRA BOD EI FRODYR MAWR YN CWERYLA
DARGANFYDDODD **MADOG** AMERICA!
HWYLIODD YMHELL AR DRAWS Y DON
AT YR INDIAID COCHION.
(OND CHWEDL 'DI HON!)

MADOGS BIG BROTHERS WERE ALL QUITE MAD
TO LEAVE THEM BEHIND HE WOULDN'T BE SAD.
TO THE SHORES OF AMERICA WENT HIS BOAT
BEFRIENDING TRIBES WHERE HE DID FLOAT.

MADOG AB OWAIN
GWYNEDD

Roedd **Gruffydd Maelor** braidd yn nerfus
achos darniog iawn oedd teyrnas Powys.
Ond gwnaeth **Gruffydd** reit siŵr
y byddai **Madog**
ei fab yn dod ryw ddydd yn dywysog.

Grampy, son and grandsons here
Would see north Powys disappear.
Gruffs bit of land soon to be split
Among five boys all fighting fit.

Gruffydd Maelor I

Madog ap Gruffydd
(And sons)

The Powys Brothers

Gruffydd Maelors brothers were called **Owain Fychan** and **Owain Brogyntyn**. They had to share Powys with their cousin **Owain Cyfeiliog.**

Owain was a popular name!

Owain Brogyntyn was not an ambitious man. He kept peace and dodged fights. He stayed friends with **Henry II** and lived long enough to become a royal pensioner.

Owain Fychan owned the lands between his brother **Gruffydd** and cousin **Owain Cyfeiliog. Owain Fychan** met his grisly fate at the hands of **Owain Cyfeiliogs** sons, **Cadwallon** and **Gwenwynwyn.**

Brodyr Powys

Roedd gan **Gruffydd Maelor** ddau frawd o'r enw **Owain Fychan** ac **Owain Brogyntyn**. Roedd rhaid iddynt rannu Powys gyda'u cefnder **Owain Cyfeiliog**.

Roedd **Owain** yn enw poblogaidd!

Doedd **Owain Brogyntyn** ddim yn ddyn uchelgeisiol. Cadwodd yr heddwch a chadwodd draw o ryfeloedd. Roedd yn ffrindiau gyda **Harri II** ac fe gafodd fyw i fod yn hen ddyn.

Roedd tiroedd **Owain Fychan** rhwng rhai ei frawd **Gruffydd** a'i gefnder **Owain Cyfeiliog**. Lladdwyd **Owain Fychan** gan feibion **Owain Cyfeiliog**, sef **Cadwallon** a **Gwenwynwyn**.

AGE OF THE LLEWELYNS

Oes y
Llewelyniaid

Helpodd **Gruffudd** a'i frawd **Maredudd**
eu cefnder **Llywelyn** i drechu **Dafydd**.
Ond cyflawni brad a wnaeth **MAredudd**
a chollodd ei diroedd yn Llŷn ac
Eifionydd.

Two brothers helped their cousin out
Llywelyn was strong they had no doubt.
They shared their lands and as he rose
Later a traitor was exposed.

GRUFFUDD &
MAREDUDD AP CYNAN
BROTHERS

Plentyn oedd **SIWAN** pan briododd y t'wysog
ond tyfodd i fod yn wleidydd ardderchog.
Roedd **LLYWELYN** ei gŵr yn dibynnu arni
ac mae drama Gymraeg enwog amdani.

JOAN'S DAD **KING JOHN** WAS TERRIBLY FOND...
OF HIS GIRL, AND THROUGH THEIR BOND,
JOAN STOPPED WARS SHE WAS A TREASURE
A PRIORY FOR HER WOULDN'T LAST FOREVER.

Siwan
Lady Joan of Wales and Snowdon

LLYWELYN AB IORWERTH, TYWYSOG GWYNEDD
AETH O NERTH I NERTH
DROS DDEUGAIN MLYNEDD.
FE LWYDDODD DRWY RYFEL A CHYFADDAWDU
I YMESTYN EI RYM DROS RAN HELAETH O GYMRU.

LLYWELYN TOOK ON HIS UNCLES, ALL BAD
FOR THE HELP OF HIS COUSINS HE WAS GLAD.
BUILDING STONE CASTLES WAS HIS BEST THING
HE LOVED **PRINCESS JOAN** THIS ROMANTIC KING.

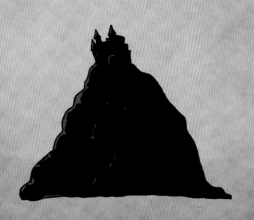

Llywelyn
ab Iorwerth
Llywelyn the Great

Er mai mab hynaf **Llywelyn** oedd **Gruffydd,**
Fe aeth y goron i'w frawd bach, **Dafydd**.
Ceisiodd ddianc o dŵr uchel yn Llundain,
Ond torrodd y rhaff a bu farw'n gelain.

Gruff the eldest was least liked by dad
A real hot-head for which ruling is bad.
In the tower of London he saw luxury
His rope broke as he tried to break free.

GRUFFYDD AP LLYWELYN

Ganwyd **Dafydd** i lywodraethu,
Gwnaeth **Siwan** ei fam yn siŵr o hynny.
Fe wnaeth yn reit dda, ond yn y diwedd
Bu farw **Dafydd** heb etifedd.

Gruffs little bro was trained to lead
King John wanted this boy to succeed
Wenglish blood ran in his veins
Sonless, his nephews looked to reign.

DAFYDD AP
LLYWELYN

Tywysogion oedd rhain o Ogledd Powys
A gynghreiriodd â'r Saeson
mewn cyfnod cythryblus.
Roedd yn well ganddynt Sais
na thywysog o Wynedd,
ond diflannodd eu teyrnas yn y diwedd.

Powys lords were ambitious not meek
To be Princes of Wales they would seek.
They couldn't beat **King John** at a fight
or to **Lord Llywelyn** be polite.

GWENWYNWYNS
OF POWYS
WENWYNWYN

LLYWELYN AP GRUFFYDD
OEDD TYWYSOG CYMRU,
UN O'R GOREUON ERIOED I DEYRNASU.
OND FE'I LLADDWYD YN Y DIWEDD
A DYNA OEDD DDIWEDD TEYRNAS GWYNEDD.

THE FINAL WELSH PRINCE OF THESE SHORES
BURNED ENGLISH CASTLES IN THEIR SCORES.
THIS POLITICAL MAN HAD **KING ED** SHAKEN
'TIL RIOTS BROKE OUT AS WALES WAS TAKEN.

Llywelyn ap Gruffydd

Llywelyn the Last

Llywelyn ap Gruffydd and The English Kings

Llywelyn did not want the English to rule Wales. His brothers **Owain** and **Dafydd** fought him about it but **Llywelyn** beat them, and took their lands.

During his reign as Prince of Wales, **Llywelyn** ruled most of the Welsh territory. For a while there was a chance of the Welsh becoming an independent nation.

Llywelyn and **King Henry III** got on fairly well, **Henry** recognised **Llywelyn** as Prince and Ruler of Wales.

Llywelyn and **Prince Edward** did not get on at all. It was **Edward** who got rid of the great royal family of Gwynedd.

LLYWELYN AP GRUFFYDD A BRENHINOEDD LLOEGR.

Roedd **LLYWELYN** yn gyndyn o blygu glin i'r Saeson. Brwydrodd yn erbyn ei frodyr **OWAIN** a **DAFYDD**, ond fe drechodd **LLYWELYN** hwy a chymerodd eu tiroedd.

Yn ystod ei deyrnasiad fel Tywysog Cymru, trechodd a rheolodd **LLYWELYN** rannau helaeth o dir Cymru. Am gyfnod, roedd gobaith go iawn y byddai Cymru gyfan yn wlad unedig.

Roedd **LLYWELYN** a'r **BRENIN HARRI'R III** yn cyd-dynnu yn eithaf da, ac roedd **HARRI'N** fodlon cydnabod **LLYWELYN** fel Tywysog Cymru.

Roedd **EDWARD I** yn casau **LLYWELYN** ac fe dreuliodd flynyddoedd yn difa teulu brenhinol Gwynedd.

End of Independence

Diwedd
Annibyniaeth

EDWARD II OF ENGLAND
FIRST ENGLISH PRINCE OF WALES

KING EDWARD I WAS FURIOUS THAT AN ENGLISH LORD CALLED SIMON DE MONTFORT AND LLEWELYN WERE FRIENDS. HE WAS EVEN MORE ANNOYED THAT SIMON WAS TRYING TO RULE HIS KINGDOMS.

EDWARD I KILLED SIMON AND LLYWELYN REFUSED TO RECOGNISE EDWARD I AS A LEADER. WAR WAS DECLARED IN 1276.

IN 1277 ED INVADED WALES WITH A HUGE ARMY. LLYWELYN WASN'T AS POPULAR AS HE HAD HOPED AND MANY WELSH PEOPLE SUPPORTED KING EDWARD I.

IN 1284 WALES WAS SWALLOWED INTO ENGLAND. KING EDWARD I HAD HIS SON EDWARD II BORN AT CAERNARFON CASTLE HE ANNOUNCED HIM AS THE NEW PRINCE OF WALES.

THE PRINCE OF WALES TRADITION HAS CONTINUED FOR HUNDREDS OF YEARS.

Edward II o Loegr
Y Sais Cyntaf i fod yn
Dywysog Cymru

Roedd **Edward I** yn gandryll fod **Simon de Montfort** a **Llywelyn** wedi cynghreirio gyda'i gilydd am fod **Simon** wedi ceisio tanseilio awdurdod y Brenin.

Ar ôl i **Simon** gael ei ladd, gwrthododd **Llywelyn** gydnabod **Edward I** fel arweinydd ac aethant i ryfel yn 1267.

Yn1277 ymosododd **Edward I** ar Gymru gyda byddin enfawr. Doedd gan **Llywelyn** ddim digon o gefnogaeth i ddal ati i frwydro.

Yn 1284, cafodd Cymru ei llyncu gan Loegr. Ganwyd mab **Edward I**, sef **Edward II** yng Nghastell Caernarfon. Cyhoeddodd mai fe fyddai Tywysog newydd Cymru.

Mae'r traddodiad hwn o frenin Lloegr yn enwi ei fab hynaf yn Dywysog Cymru yn parhau hyd heddiw.

Stori drist yw stori **Gwenllian**.
Fe'i cipiwyd yn fabi i fod yn lleian
ym mherfeddion Lloegr, ac yno bu farw
heb fedru'r Gymraeg nac yngan ei henw.

The sad story of **Llyws** daughter dear
An orphan of a Kings career.
Brave parents buried to her dismay
Her life with nuns was locked away.

Gwenllian
Ferch Llywelyn
Gwenllian of Wales

Carcharwyd **Owain** am flynyddoedd lawer.
Aeth **Rhodri** i fyw bywyd tawel yn Lloegr.
Cafodd **Dafydd** ei grogi a'i ddiberfeddu
a'i dorri yn bedwar darn ar ôl hynny.

Two of these men suffered cruel fates
Owain spent years as a prison mate.
Dafydd was hanged and chopped to bits
Rhod found England was where he fit.

Owain, Dafydd, & Rhodri
Llywelyn's Brothers

Ar ôl i'r Saeson ddienyddio eu tad
cawsant eu hel i ben arall y wlad.
Cafodd y ddau fywydau erchyll
O gael eu curo a'u cadw mewn cewyll.

Tragedy caught these poor kid brothers
Capture split them from Dad and mother.
In Bristols cages was where they stayed
Poked with sticks by people who paid.

Llywelyn & Owain ap Dafydd

Yr **Arglwydd Rhys** o'r Deheubarth
oedd hen daid
Rhys ap Maredudd, ac felly roedd rhaid
cychwyn gwrthryfel
er mwyn adfer ei fawredd
ond cafodd ei ddal a'i ladd yn y diwedd.

Though hassled by English officer men
He bided his time and sided with them.
Pretty soon riots weren't just talk.
Caught while hiding, executed in York.

Rhys ap Maredudd

Bu **Madog** yn deyrngar iawn i **Llywelyn**
ond cafodd ei ladd,
a'i frawd **Gruffudd** ddaeth wedyn.
Cymerwyd ei diroedd i gyd oddi arno
gan Frenin Lloegr a bu rhaid iddo rentio.

It was Wales the Powys boys would support
An English attack saw **Madog** cut short.
Gruff lost his lands to **Ed** the first
Who rented them back to fill his purse.

Madog II & Gruffudd Fychan

Cafodd **Tomos ap Rhodri** fywyd reit fodlon
Jyst fel ei Dad yng nghanol y Saeson.
Ond ni anghofiodd fyth serch hynny
Ei fod o linnach Tywsogion Cymru.

This man the nephew of **Llywelyn** the last
His dad the runaway brother had passed.
Tom lived the 'English Gentleman' life
but remembered his Uncles and their strife.

TOMOS AP RHODRI
THOMAS ROTHERY

The English Princes of Wales From 1301

Edward, son of Edward I
1st February 1301, aged 16

Edward, son of Edward III
12th May 1343, aged 12

Richard, son of Edward
20th November 1376, Aged 9

Henry, son of Henry IV
15th October 1399 aged 12

Edward, son of Henry VI
15th March 1454, aged five months

Edward, son of Edward IV
26th June 1471, aged seven months

Edward, son of Richard III
24th August 1483, aged 10

Arthur, eldest son of Henry VII
29th November 1489, aged three

Henry, second son of Henry VII
18th February 1504, aged 12

Henry, eldest son of James I
4th June 1610, aged 16

Charles second son of James I
4th November 1616, aged 15,

Charles, son of Charles I
1638-41, aged c.8-11

James, son of James II
4th July 1688, aged three weeks

George, son of George I
27th September 1714, aged 30

Frederick, son of George II
8th January 1729, aged 21

George, son of Frederick
20th April 1751, aged 12

George, son of George III
19th August 1762, aged one week

Albert Edward, son of Queen Victoria
8th December 1841, aged four weeks

George, son of King Edward VII
9th November 1901, aged 36

Edward, son of King George V
23rd June 1910, aged 16

Charles, son of Queen Elizabeth II
26th July 1958, aged nine

FINAL CHAMPIONS OF WALES

Yr Arweinwyr Olaf

PENDERFYNODD **MADOG**
Y BYDDAI'N GWRTHSEFYLL
GORMES Y SAESON, FELLY CIPIODD EU CESTYLL.
OND YN Y PEN DRAW FE GAFODD EI DDAL
A THREULIODD WEDDILL EI OES
RHWNG PEDAIR WAL.

DAD AND GRANDPA BOTH WELL KNOWN
NOT TO SUPPORT THE **LLYWELYN** THRONES.
MADOG A LEADER, HEAD OF THE PACK
ONCE LOCKED UP HE DIDN'T COME BACK.

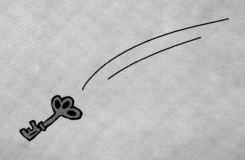

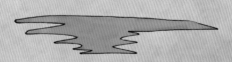

MADOG
AP LLYWELYN

Ymladdodd yn Ffrainc yn erbyn y Saeson
yn y gobaith y câi ail- hawlio ei goron.
Ei fwriad oedd hwylio draw i Gymru
ond gyrrwyd sais i'w ladd,
a dyna ddiwedd ar hynny.

On English land **Owain** played
Then went to France to learn his trade.
And of the friends who he had there
One would kill this nation's heir.

OWAIN LAWGOCH
THE REDHAND

Cytundeb Tridarn

Mae'r map hwn yn dangos ffiniau'r cytundeb y cytunwyd arno rhwng **Owain Glyndŵr, Henry Percy** a **Sir Edmund Mortimer.**
Roedd 'Rhyfeloedd y Rhosynnau' wedi gwneud Lloegr yn le ansefydlog iawn.
Penderfynodd y gwŷr yma fanteisio ar hynny er mwyn ceisio cipio rheolaeth o Gymru a Lloegr.
Ond ni wireddwyd eu cynlluniau mawrion, a bu farw'r tri yn fuan ar ôl arwyddo'r cytundeb.

Tripartite indenture

This map shows the boundaries of the agreement struck between Welsh hero **Owain Glyndŵr**, The powerful northerner **Henry Percy,** and **Sir Edmund Mortimer.**
Around the time of the 'Wars of the Roses' England was unstable. These men decided to try and take control of England and Wales.
They were not successful and soon after signing the Tripartite Indenture they met their grisly ends.

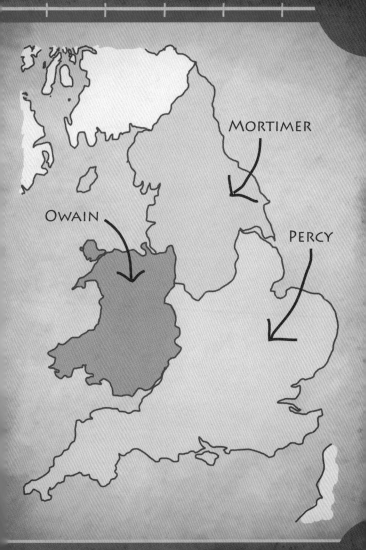

ROEDD **OWAIN GLYNDŴR** YN LLAWN GOBEITHION
I RYDDHAU CYMRU O AFAEL Y SAESON.
SEFYDLODD SENEDD A THRECHODD FYDDINOEDD
OND YNA DIFLANNODD I'R MYNYDDOEDD.

HE STARTED OUT JUST FIGHTING HIS NEIGHBOUR
THE SCOTS AND FRENCH LIKED HIS BEHAVIOUR.
SORT TO PULL WALES FROM ENGLAND'S FEET
A TASK NO ONE SINCE HAS TRIED TO COMPLETE.

OWAIN GLYNDŴR

Owain Glyndŵr

Owain Glyndŵr is the final Welsh leader. He is still celebrated in Wales because he came so close to giving the people independence from England.

Owain grew up as an Englishman but his family never forgot their homeland. He joined a powerful marcher lord family.

The history between Wales and England was bad. The people of Wales were restless. **Owain** argued with one of his English neighbours. The Welsh gave **Owain** so much support he became their leader.

War ripped across Wales, everyone from poor people to rich marcher lords were involved. **Owain** made his own Welsh parliament and teamed up with the English **Percys** and **Mortimers** in a plan to over throw the Monarchy.

The plan didn't go well, and **Owain** became a fugitive. No one knows what happened to him.

Owain Glyndŵr

Owain Glyndŵr oedd yr arweinydd olaf i herio awdurodod Lloegr. Caiff ei gofio a'i ddathlu yng Nghymru heddiw am iddo ddod o fewn trwch blewyn i greu Cymru annibynnol.

Treuliodd **Owain** ei ieuenctid ymhlith Saeson, ond ni anghofiodd fyth am ei Famwlad. Ymunodd â theulu pwerus o arglwyddi'r gororau.

Roedd drwgdeimlad yn cyniwair yng Nghymru tuag at y Saeson. Roedd y Cymry yn cael eu gorthrymu. Aeth **Owain** i ffrae gydag un o'i gymdogion o Saeson. Derbyniodd **Owain** gymaint o gefnogaeth oddi wrth ei gyd Gymry, daeth yn arweinydd cenedlaethol.

Cafodd pawb yng nghymru, o'r tlotaf i'r cyfoethocaf eu heffeithio gan y rhyfel. Sefydlodd **Owain** senedd ym Machynlleth, ac fe gynghreiriodd gyda **Henry Percy** ac **Edmund Mortimer** er mwyn trechu'r Brenin.

Ond methodd y cynllun, ac aeth **Owain** ar herw. Wyddai neb yn union pa bryd nac ymhle y bu **Owain** farw.

PETER VAN RENSWOUDE DAVIES
HISTORIAN & WRITER
GRUFFUDD OWEN - WELSH POEMS

PETER LIKES DRESSING AS A VIKING AND ENJOYS A
GOOD SWORD FIGHT WITH HIS FRIENDS!

GRUFFUDD LIKES OLD WORDS AND SINGING WITH
HIS GRAND WELSH VOICE.

ELIN LLOYD JENKINS - ILLUSTRATOR
HOLLIE WITHERS AND BEN MORSON
DESIGN & EDITING

ELIN LIKES BEATING PEOPLE AT BOARD GAMES
AND MAKING FIGURES OUT OF PLASTICINE.

BEN AND HOLLIE LIKE TRAINING THEIR DOG TO
DO TRICKS, AND MAKING VEGETABLE SUSHI

With a special thanks to:

All of our English and Welsh speaking friends, and everyone who helped us with research, or listened to us talk about a confusing babble of Llewelyns, Gruffudds and Owains over the last year.

The Online National Library of Wales Archives and Biography Archives have been thoroughly delved through, so thank you Welsh Librarians for providing such an accessible and brilliant resource.

For your support and continued love, All the Withers and Morson Mums and Dads, Grandma Cheek, Carys, Bonnie, Sophie, Dawn, Oliver, John T, Paul Props, Cath and Linda, Alys, Ian, Sarah and Beth Costume, Anwen, Rob (of the Sandon Dynasty), Walters, Leonie, Lucy, Nerys, Neil, Katie, Dexy, Terry D-J, Morgan Hops, Iestyn J, Ian Rowlands, Jeremi C, and Jenny Owl. All the chaps in the lighting box, Jonathan Sound, and Mark Spark.

Beth and Minnie thanks for letting us talk so much 'book and history' in your dressing room.

To Gwennan Owen for your help reading though. Shenzhen Bella for your guidance.

You are all wonderful, we're are lucky to have such supportive, lovely people around us. Thank you xx